Nassim Nicholas Taleb

KLEINES HANDBUCH FÜR DEN UMGANG MIT UNWISSEN

Aus dem Englischen
von Susanne Held

Pantheon

Die Originalausgabe erschien unter dem Titel
»The Bed of Procrustes. Philosophical and Practical Aphorisms«
2010 bei Random House, einem Verlag der Random House, Inc., New York.

MIX
Papier | Fördert gute Waldnutzung
FSC® C083411

Penguin Random House Verlagsgruppe FSC® N001967

4. Auflage
Pantheon-Ausgabe August 2018

in der Penguin Random House Verlagsgruppe GmbH,
Neumarkter Straße 28, 81673 München
produktsicherheit@penguinrandomhouse.de
(Vorstehende Angaben sind zugleich
Pflichtinformationen nach GPSR.)

Umschlaggestaltung: Büro Jorge Schmidt, München
Umschlagillustration: Shutterstock/Marinika
Satz: Uhl + Massopust, Aalen
Druck und Bindung: CPI books GmbH, Leck
Printed in the EU
ISBN 978-3-570-55391-6

www.pantheon-verlag.de

Dieses Buch ist auch als E-Book erhältlich.

Für Alexander N. Taleb

Vorwort: Das Bett des Prokrustes

Prokrustes, eine Gestalt aus der griechischen Mythologie, war ein grausamer Gutsbesitzer, der in Korydallos in Attika lebte, in der Nähe des Weges, der von der Stadt Athen nach Eleusis führte, dem Ort der Mysterienspiele. Prokrustes hatte eine eigenartige Auffassung von Gastfreundschaft: Er entführte Reisende, setzte ihnen ein üppiges Nachtmahl vor und lud sie dann ein, die Nacht in einem höchst sonderbaren Bett zu verbringen. Er wollte Gast und Bett unter allen Umständen passend machen. Zu großen Männern wurden deshalb die Beine mit einer scharfen Axt abgehackt; die zu kleinen wurden auf die richtige Länge gedehnt. (Der eigentliche Name des grausamen Wirts soll Damastes oder Polyphemon gewesen sein, »Prokrustes« ist ein Beiname und bedeutet »der Strecker«.)

In einem Akt wahrer poetischer Gerechtigkeit wurde Prokrustes dann aber mit seinen eigenen Waffen geschlagen. Einer der Wanderer war der furchtlose Theseus, der im weiteren Verlauf seiner Heldenkarriere den Minotaurus besiegen sollte. Nach dem üblichen Abendessen zwang Theseus Prokrustes in das Bett. Um ihn in gewohnter Perfektion einzupassen, schlug Theseus dem Prokrustes den Kopf ab, womit er der Vorgehensweise von Herkules folgte, Vergehen mit gleicher Münze heimzuzahlen.

In perfideren Versionen der Geschichte (etwa jener aus der *Bibliotheca* von Pseudo-Apollodor) verfügt Prokrustes über zwei Betten, ein kleines und ein großes – kleinen Opfern wies er das große Bett zu, großen das kleine.

Jeder Aphorismus in diesem Buch handelt letztlich von einer Art Prokrustesbett.* Es geht um Situationen, in denen wir Menschen mit Grenzen des Wissens konfrontiert werden, mit Dingen, die wir nicht ohne Weiteres begreifen können, mit neuen, unbekannten Sachverhalten. Wir lösen die Spannung, die daraus entsteht, indem wir Leben und Welt in handhabbare Standards zwängen und auf bekannte Kategorien, einen spezifischen Wortschatz und vorgefertigte narrative Muster zurechtstutzen, was dann und wann explosive Konsequenzen hat. Dabei sind wir uns offenbar nicht bewusst, dass wir eine pervertierte Anpassung vornehmen – ähnlich der eines Schneiders, der seinen ganzen

* Ich verwende die Metapher vom Prokrustesbett nicht nur dafür, dass wir etwas in die falsche Schublade stecken; meist geht es um eine Inversion, um die Änderung der falschen Variablen – im Bild gesprochen: der Person anstelle des Betts. Man beachte, dass jedes Versagen der Instanz, die wir als »Klugheit« (in Verbindung mit technischem Know-how) zu bezeichnen pflegen, auf eine Prokrustesbett-Situation reduzierbar ist.

Ehrgeiz darein setzt, einen perfekt sitzenden Anzug zu liefern, dieses Ziel allerdings dadurch erreicht, dass er die Gliedmaßen seines Kunden chirurgisch bearbeitet. So scheinen sich beispielsweise nur wenige Menschen über den Widersinn im Klaren zu sein, der darin liegt, mit Hilfe von Pillen das Gehirn von Schulkindern zu verändern, damit sie mit dem Lehrplan besser zurechtkommen, anstatt den Lehrplan an die Kinder anzupassen.

Da Aphorismen ihren Zauber verlieren, wenn sie erklärt werden, bringe ich hier lediglich das zentrale Thema des Buchs zur Sprache und verweise für weitergehende Erörterungen auf das Nachwort. Der Leser findet auf den folgenden Seiten für sich stehende, komprimierte Gedanken, die sich um meine zentrale Frage drehen, wie wir mit dem, was wir nicht wissen, faktisch umgehen und idealerweise umgehen sollten; um Themen also, die eingehender in meinen Büchern *Der schwarze Schwan*, *Narren des Zufalls* und *Antifragilität* behandelt werden.

Präludien

Der Mensch, dem zu widersprechen man die größte Furcht hat, ist man selbst.

Eine Idee beginnt dann interessant zu werden, wenn man Angst hat, sie konsequent zu Ende zu denken.

Pharmazieunternehmen verstehen sich besser darauf, Krankheiten zu erfinden, die zu existierenden Medikamenten passen, als Medikamente zu erfinden, die zu existierenden Krankheiten passen.

Um die befreiende Wirkung der Askese zu verstehen, sollte man bedenken, dass es weniger schmerzhaft ist, sein gesamtes Vermögen zu verlieren als nur die Hälfte.

Will man einen Narren zugrunde richten, versorge man ihn mit Informationen.

Die akademische Welt verhält sich zum Wissen wie die Prostitution zur Liebe; an der Oberfläche scheint es gewisse Ähnlichkeiten zu geben, doch für den Unverblendeten ist es nicht dasselbe.*

In der Wissenschaft muss man die Welt verstehen; im Geschäftsleben muss man andere dazu bringen, die Welt misszuverstehen.

Ich vermute, Sokrates wurde hingerichtet, weil zu klares Denken über die Maßen unattraktiv, befremdlich und unmenschlich ist.

Bildung macht den Weisen etwas weiser, den Narren hingegen sehr viel gefährlicher.

Die Originalität einer Idee erweist sich nicht dadurch, dass sie keinen Vorgänger hat, sondern dadurch, dass es viele, aber miteinander unvereinbare waren.

* Hier muss ich präzisieren: Es gibt Ausnahmen, kennt man doch auch zahlreiche Fälle von Prostituierten, die sich in einen Kunden verliebt haben.

Die doppelte Strafe der Moderne besteht darin, uns vorzeitig altern und länger leben zu lassen.

Ein Gelehrter ist jemand, der nicht alles zur Schau stellt, was er weiß; bei Journalisten oder Beratern verhält es sich umgekehrt.

Das Gehirn ist am intelligentesten, wenn man ihm keine Vorgaben macht – Leute, die unter der Dusche stehen, entdecken das gelegentlich.

Wenn der eigene Zorn mit der Zeit nachlässt, hat man unrecht gehandelt; wird er stärker, hat man Unrecht erlitten.

Wer glaubt, bei einer Religion gehe es um den »Glauben«, versteht die Religion nicht und nicht den Glauben.

Arbeit zerstört Ihre Seele, indem sie in den Stunden, die nicht offiziell der Arbeit gewidmet sind, heimlich Ihr Gehirn besetzt; seien Sie also wählerisch bei der Berufswahl.

Ich frage mich, ob diejenigen, die den Wert von Großzügigkeit mit dem Argument preisen, sie zahle sich aus, sich ihrer Widersprüchlichkeit bewusst sind; oder ob es sich bei dem, was sie Großzügigkeit nennen, nicht vielmehr lediglich um eine raffinierte Investmentstrategie handelt.*

In der Natur wiederholen wir niemals ein und dieselbe Bewegung; in der Gefangenschaft (Büro, Fitnessstudio, Weg zur Arbeit, Sport) wird Leben zu einer Dauerschädigung aufgrund wiederkehrender Belastung. Kein Platz für den Zufall.

Wer als Entschuldigung anführt, anderen gehe der gesunde Menschenverstand ab, lässt ihn selbst vermissen.

Mit der Zwangsjacke strenger (aristotelischer) Logik übereinzustimmen, ist nicht dasselbe wie fatale Widersprüchlichkeiten zu vermeiden.

* Ein Akt der Großzügigkeit ist dadurch definiert, dass er nicht mit einer Gegenleistung rechnet, sei sie finanzieller, sozialer oder emotionaler Art; ein deontischer Akt (bedingungslose Einhaltung von Pflichten), kein utilitaristischer (der auf einen kollektiven oder individuellen Vorteil oder Gewinn zielt).

Die Wirtschaftswissenschaft wird mit der Idee nicht fertig, dass das Kollektiv (und die Gesamtheit) unverhältnismäßig weniger vorhersehbar sind als das Individuum.

Man rede im Zusammenhang mit langer Lebensdauer, Sicherheit oder Bequemlichkeit nicht von »Fortschritt«, bevor man nicht Tiere im Zoo mit Tieren in der freien Wildbahn verglichen hat.

Wenn man morgens mit einiger Genauigkeit sagen kann, wie der Tag aussehen wird, ist man schon ein bisschen tot – je höher die Genauigkeit, desto toter.

Zwischen Eis und Wasser gibt es keine Übergangszone, zwischen Leben und Tod schon: geregelte Arbeit.

Ein ausgewogenes Leben führen wir, wenn das meiste von dem, was wir fürchten, die prickelnde Anmutung von Abenteuer hat.

Prokrastination ist das Aufbegehren der Seele gegen ihre Gefangenschaft.

Niemand will vollkommen transparent sein; nicht für andere und gewiss nicht für sich selbst.

Gegenerzählungen

Am wirkungsvollsten rächt man sich an einem Lügner, indem man ihn glauben macht, man nehme ihm seine Lügen ab.

Wenn wir etwas zu tun beabsichtigen, von dem wir unbewusst annehmen, es sei zum Scheitern verurteilt, dann suchen wir bei anderen Rat, um jemanden zu haben, dem wir das Scheitern in die Schuhe schieben können.

Es ist schwerer, Nein zu sagen, wenn man es ernst meint, als wenn man es nicht ernst meint.

Sag nie zweimal Nein, wenn es dir wirklich ernst damit ist.

Ihr Ruf wird am stärksten durch das beeinträchtigt, was Sie zu seiner Verteidigung vorbringen.

Das einzige objektive Merkmal für das Älterwerden ist, dass jemand anfängt, über das Älterwerden zu sprechen.

Man wird um Erfolg, Wohlstand, Intelligenz, Aussehen, gesellschaftlichen Status beneidet – kaum aber je um Weisheit.

Das meiste von dem, was gemeinhin als Bescheidenheit bezeichnet wird, ist nichts anderes als erfolgreich verborgene Arroganz.

Wenn man jemanden dazu bringen will, ein bestimmtes Buch zu lesen, braucht man es nur als überschätzt zu bezeichnen.

Eine Auseinandersetzung haben Sie erst in dem Moment gewonnen, da man anfängt, Ihre Person zu attackieren.

Nichts ist dauerhafter als »vorübergehende« Arrangements, Mängel, Vereinbarungen und Beziehungen; und nichts vergänglicher als »dauerhafte«.

Am unangenehmsten sind nicht die Stunden, die wir mit uninteressanten Leuten verbringen, sondern jene, die wir mit uninteressanten Leuten verbringen, die sich mit aller Gewalt interessant machen wollen.

Hass ist Liebe mit einem Fehler im Programmiercode – korrigierbar, aber sehr schwer aufzuspüren.

Ich frage mich, ob mein ärgster Feind eifersüchtig würde, wenn er herausfände, dass ich einen anderen hasse.

Das charakteristische Merkmal eines Versagers besteht darin, über menschliche Schwächen, Vorurteile, Widersprüchlichkeiten und Irrationalismen zu schwadronieren, ohne sie als Quelle von Witz und Profit zu benutzen.

Dass einem ein Buch wirklich gefallen hat, kann man daran erkennen, dass (und wie oft) man es noch einmal gelesen hat; dass man sich in der Gesellschaft eines Menschen wirklich wohlgefühlt hat, kann man daran erkennen, dass man ihn wieder (und wieder) sehen will – alles andere ist Augenwischerei oder die Art von Gefühlsduselei, die man heutzutage Selbstwertgefühl nennt.

Wir fragen: Warum ist er reich (oder arm)?, nicht: Warum ist er nicht reicher (oder ärmer)?; Warum ist die Krise so tief?, nicht: Warum ist sie nicht tiefer?

Hass lässt sich ungleich viel schwerer heucheln als Liebe. Man spricht von vorgegaukelter Liebe, nie aber von vorgegaukeltem Hass.

Das Gegenteil von Männlichkeit ist nicht Feigheit, sondern Technologie.

Ein Mensch, den wir einen »guten Zuhörer« nennen, ist normalerweise jemand, der seine Gleichgültigkeit geschickt verbirgt.

Es sind die Widersprüche, die einen Menschen attraktiv machen, und nicht deren Abwesenheit.

Man erinnert sich deutlicher an E-Mails, die man verschickt hat und die nicht beantwortet wurden, als an solche, die man selbst nicht beantwortet hat.

Standardkomplimente reservieren wir normalerweise für diejenigen, die unseren Stolz nicht bedrohen; die anderen beehren wir mit dem Attribut »arrogant«.

Seit Cato dem Älteren gibt es eine bestimmte Art von Reife, die darin besteht, die neue Generation für ihre »Oberflächlichkeit« zu tadeln und die alte für ihre »Werte« zu preisen.

Seinen Mitmenschen nicht mit Trainingstipps und anderen Gesundheitsthemen auf die Nerven zu gehen fällt genau so schwer wie die penible Befolgung eines Trainingsplans.

Lobt man jemanden dafür, dass er keine Schwächen hat, dann unterstellt man ihm zugleich einen Mangel an Tugenden.

Wenn sie schreit, Sie hätten sich unverzeihlich verhalten, hat sie schon angefangen, Ihnen zu verzeihen.

Phantasielosigkeit ist nur dann ein Problem, wenn man schnell gelangweilt ist.

Einzelpersonen, die sich verhalten, als wären sie der Nabel der Welt, nennen wir Narzissten; diejenigen, die genau dasselbe Verhalten zu zweit an den Tag legen, nennen wir ein Liebespaar, das »im siebten Himmel schwebt«.

Eine Freundschaft, die zu Ende geht, ist nie eine gewesen; mindestens einer der Beteiligten war nicht wirklich ein Freund.

Die meisten Menschen fürchten sich vor dem Fehlen audiovisueller Reize, da sie sich mit ihrem eigenen Denken und Vorstellen zu stark in eingefahrenen Gleisen bewegen.

Unerwiderter Hass ist für das Selbstwertgefühl sehr viel demütigender als unerwiderte Liebe. Man kann sich nicht erkenntlich zeigen.

Einer mitfühlenden Person fällt es leichter, eine Sorge durch eine andere Sorge zu ersetzen als durch Freude.

Weisheit bei jungen Menschen ist ebenso unattraktiv wie Frivolität bei älteren.

Es gibt Menschen, die sind nur komisch, wenn sie ernst zu sein versuchen.

Es fällt schwer, in einer Unterhaltung nicht dem Impuls nachzugeben, Geheimnisse zu enthüllen – als ob es im Wesen der Information läge, leben und sich verbreiten zu wollen.

Ontologisches

Es ist ein relativ neuer Irrtum, das nicht Beobachtete für inexistent zu halten; schwerer jedoch wiegt der Irrtum mancher Menschen, das nicht Beobachtete für nicht beobacht*bar* zu halten.

Die Wissenschaft aufzufordern, das Leben und lebenswichtige Fragen zu erklären, ist, als bitte man einen Grammatiker, Poesie zu erklären.

Wir existieren dann und nur dann, wenn wir die Freiheit haben, ohne erkennbares Ziel, ohne Rechtfertigung und vor allem jenseits der Diktatur eines fremden Erzählschemas zu handeln.

Das Heilige und das Profane

Man kann das Heilige nicht mit Begriffen fassen, die für das Profane gebildet wurden, wohingegen es sehr wohl möglich ist, das Profane mit Begriffen zu fassen, die ursprünglich für das Heilige gedacht waren.

Für den Atheismus (den Materialismus) haben die Toten den gleichen Stellenwert wie die Ungeborenen. Nichts liegt mir ferner. Indem man den Gedanken des Heiligen zulässt, erfindet man die Religion neu.

Wer nicht dazu in der Lage ist, spontan (also ohne analytisch vorzugehen) den Unterschied zwischen dem Heiligen und dem Profanen wahrzunehmen, der wird nie verstehen, was Religion bedeutet. Er wird auch nicht in der Lage sein, das zu verstehen, was gemeinhin Kunst genannt wird. Letztlich versteht er überhaupt nichts.

Früher pflegte man an den Werktagen Alltagskleidung zu tragen und an den Feiertagen den »Sonntagsstaat« anzulegen. Heute ist es genau umgekehrt.

Um die Scheidung zwischen dem Heiligen und dem Profanen zu markieren, nehme ich ein rituelles Bad nach jeder Begegnung oder Korrespondenz (inklusive E-Mails) mit Beratern, Wirtschaftswissenschaftlern, Professoren von der Harvard Business School, Journalisten und überhaupt jedem aus diesem verkommenen Bereich. Nach einem solchen Bad fühle ich mich rein und frei vom Profanen und agiere – bis zum nächsten Zusammentreffen – entsprechend.

Das Buch ist das einzige Medium, das durch das Profane nicht korrumpiert wurde: Alles, was einem sonst unter die Augen kommt, manipuliert einen mit irgendeiner Form von Werbung.*

* Ich konnte selbst nach einer langen Zeit der Enthaltsamkeit von den Medien feststellen, dass es nichts gibt, das nicht (manchmal äußerst plump) versuchen würde, einem etwas zu verkaufen. Die einzige Instanz, der ich in dieser Hinsicht traue, ist meine Bibliothek. Am physischen Besitz eines Buchs als einer Manifestation menschlicher Schwäche – dem Wunsch anzugeben, mit der eigenen Überlegenheit zu protzen – ist nichts auszusetzen. Das korrumpierende Element ist die Werbung auf dem Buchumschlag.

Man kann Lügen durch die Wahrheit ersetzen, Mythen hingegen nur durch Geschichten.

Beim Heiligen geht es um das Unbedingte, beim Profanen um das Bedingte.*

Der Ursprung von Tragik in der Geschichte liegt darin, dass man die Unbedingtheit eines anderen Individuums für bedingt hält – und umgekehrt.

Restaurants ködern uns mit Essen, um uns Alkohol zu verkaufen; Religionen ködern uns mit Glauben, um uns Regeln zu verkaufen (beispielsweise jene der Schuldvermeidung). Die Menschen können das Bild von einem Gott verstehen, nicht aber unerklärte Regeln, Verbote und kategorische Heuristiken.

Prinzipiell gilt, dass es leichter ist zu fasten als Diät zu halten. Man ist nicht »ein bisschen« koscher oder halal, wenn man nur eine kleine Portion Schinken isst.

* Und viele Personen, die als unbestechlich gelten, sind einfach nur zu teuer.

Um sich endgültig von der Gewohnheit, Zeitung zu lesen, zu kurieren, verbringe man ein Jahr damit, die Zeitungen der letzten Woche zu lesen.

Zufall, Erfolg, Glück und Stoizismus

Erfolg ist, im mittleren Erwachsenenalter das geworden zu sein, wovon man in der Jugend geträumt hat. Alles andere beruht auf Kontrollverlust.

Das Gegenteil von Erfolg ist nicht Scheitern, sondern Namedropping.

Unsere Gegenwart muss begreifen, dass Reichsein und Reichwerden weder in mathematischer noch in psychologischer, gesellschaftlicher oder moralischer Hinsicht ein und dasselbe sind.

Es wirft ein bezeichnendes Licht auf die Prioritäten der Menschheit, dass mehr Selbstmorde auf die Beschämung durch den Verlust des finanziellen und gesellschaftlichen Status zurückgehen als auf medizinische Diagnosen.

Man erlangt nicht allein dadurch vollkommene Freiheit, dass man vermeidet, ein Knecht zu sein; man muss auch vermeiden, ein Herr zu werden.*

Das Schicksal bestraft den Geizigen mit Armut und den sehr Geizigen mit Reichtum.

»Wohlstand« hat keine Bedeutung und kein robustes absolutes Maß; man verwende stattdessen die sich aus einer Subtraktion ergebende Maßeinheit »Unwohlstand«: den Unterschied zwischen dem, was man besitzt, und dem, was man gern besitzen würde.

Ältere Menschen sind dann besonders bewundernswert, wenn sie das haben, was den Jungen fehlt: Gelassenheit, Haltung, Belesenheit, Weisheit, Phronesis und das post-heroische Fehlen von Aktivismus.

Was Narren als »Zeitverschwendung« bezeichnen, ist meistens die beste Investition überhaupt.

* Unterschiedliche Versionen dieser Einsicht wurden in der Menschheitsgeschichte immer neu wiederholt und entdeckt – die letzte überzeugende Version stammt von Montaigne.

Ich besuchte eine Tagung zum Thema Glück; die Spezialisten machten einen bemerkenswert unglücklichen Eindruck.

Der Abstieg beginnt, wenn Träume durch Erinnerungen ersetzt werden, und er ist beendet, wenn Erinnerungen durch andere Erinnerungen ersetzt sind.

So ratsam es ist, Unbeliebtheit zu vermeiden, so wichtig ist es, sich vor Neid oder Bewunderung zu hüten.

Man lese nichts aus den letzten hundert Jahren; esse keine Früchte aus den letzten tausend Jahren; trinke nichts aus den letzten viertausend Jahren (lediglich Wein und Wasser); und spreche nicht mit über vierzigjährigen Durchschnittsbürgern. Bei Menschen ohne heroische Veranlagung setzt mit dreißig der Sterbeprozess ein.

Es gibt Beschäftigungen, die von innen wesentlich weniger glamourös wirken als von außen. Sogar das Piratenwesen soll dazugehören.

Der Visionär Karl Marx hat erkannt, dass man einen Knecht sehr viel besser kontrollieren kann, wenn man ihn davon überzeugt, dass er ein Arbeitnehmer ist.

In katholischen Ländern war Monogamie früher wesentlich weiter verbreitet als heute, wobei es Scheidungen praktisch überhaupt nicht gab – kein Wunder, war doch die Lebenserwartung niedriger und damit auch die Dauer einer Ehe entschieden kürzer.

Man wird am schnellsten reich, wenn man mit armen Menschen Kontakt pflegt, und am schnellsten arm, wenn man mit Reichen verkehrt.

Wahrhaft kultiviert ist man an dem Tag, da man längere Zeit nichts tut, nichts lernt und nichts zu verbessern versucht und sich dabei nicht im geringsten schuldig fühlt.

Jemand, der sagt, er sei beschäftigt, gibt entweder Inkompetenz (und mangelnde Kontrolle über sein Leben) zu erkennen, oder er will Sie loswerden.

Der Unterschied zwischen den Sklaven zur Zeit der Römer und Osmanen und den heutigen Angestellten besteht darin, dass die Sklaven ihren Herren nicht schöntun mussten.

Reich ist man dann und erst dann, wenn einem Geld, das man ablehnt, mehr Vergnügen bereitet als Geld, das man annimmt.

Für die meisten ist Erfolg der fatale Übergang aus dem Lager der Hassenden in das Lager der Gehassten.

Um festzustellen, ob man sich dort, wo man ist, wirklich wohlfühlt – abgesehen von allen Abhängigkeitsfesseln –, sollte man prüfen, ob man bei der Rückkehr dorthin genau so glücklich ist wie beim Aufbruch.

Der Unterschied zwischen Liebe und Glück besteht darin, dass Menschen, die über Liebe sprechen, normalerweise verliebt sind, wohingegen Menschen, die über das Glück sprechen, meistens unglücklich sind.

Die Moderne: Wir haben es zu einer Jugend ohne Heroismus, einem Alter ohne Weisheit und einem Leben ohne Größe gebracht.

Um herauszufinden, wie uninteressant jemand ist, sollte man ihn fragen, wen er interessant findet.

Das Internet ist für jemanden, der nach Aufmerksamkeit lechzt, nicht zuträglich.

Ob wohl je einmal jemand die Zeit gemessen hat, die es dauert, bis ein leidlich erfolgreicher Fremder mit Harvardabschluss auf einer Party seine Umgebung von diesem Umstand in Kenntnis gesetzt hat?

Alle sind fixiert auf Vorbilder; viel effektiver wäre es, Anti-Vorbilder zu finden – Menschen, denen man nicht ähneln will, wenn man erwachsen ist.

Es empfiehlt sich immer, sich zu entschuldigen, es sei denn, man hat einen Fehler gemacht.

Die Beschäftigung mit Effizienz ist das größte Hindernis auf dem Weg zu einem poetischen, vornehmen, eleganten, robusten und heroischen Leben.

Es gibt Menschen – die meisten Banker gehören dazu –, die für den Erfolg so ungeeignet sind, dass sie aussehen wie Zwerge in den Kleidern von Riesen.

Man sollte das Unrecht, das einem angetan wird, nicht allzu laut beklagen; man könnte damit weniger einfallsreiche Feinde auf falsche Gedanken bringen.

Die meisten Menschen füttern ihre Obsessionen, indem sie sich von ihnen zu befreien suchen.

Es ist ebenso schwierig, die Ansichten einer Person zu ändern wie ihren Geschmack.

Meine schönsten Erinnerungen habe ich an Aufenthalte an Orten, die als hässlich gelten; die langweiligsten an Orte mit dem Prädikat »malerisch«.

Fitness ist für sich genommen durchaus ein Zeichen von Stärke, andererseits kann der Drang, die eigene Fitness zu vergrößern, wenn er nicht aus natürlichem Antrieb stammt, ein Hinweis auf eine tiefsitzende, unheilbare Schwäche sein.

Eine charmante Person kann Menschen beleidigen, ohne sie zu verletzen; bei einem Nerd verhält es sich genau umgekehrt.

Wer nicht glaubt, dass eine Anstellung systematischer Versklavung gleichkommt, ist entweder blind oder angestellt.

Sie werden geboren und in einen Kasten gesteckt; sie kommen nach Hause und leben in einem Kasten; sie studieren, indem sie Kästchen ankreuzen, sie gehen zu einer »Arbeit« genannten Beschäftigung in einem Kasten, wo sie in ihren Abteilungskästen sitzen; sie fahren mit einem Kasten in ein Lebensmittelgeschäft, um dort Essen im Karton zu kaufen; sie gehen ins Fitnessstudio und bewegen sich dort in einem Kästchen; sie behaupten, »nicht in Kästchen zu denken«; und wenn sie schließlich gestorben sind, landen sie wieder in einem Kasten. Kästen, nichts als Kästen: euklidische, geometrisch saubere Kästen.

Eine weitere Definition von Moderne: Gespräche können immer vollständiger nachvollzogen werden mit Clips aus anderen Gesprächen, die zur selben Zeit irgendwo sonst auf dem Planeten stattfinden.

Das zwanzigste Jahrhundert war die Epoche des Zusammenbruchs der sozialen Utopien; das einundzwanzigste Jahrhundert wird die Epoche des Zusammenbruchs der technologischen Utopien sein.

Viele Anstrengungen für soziale, politische und medizinische Utopien mündeten in Albträumen; andererseits gingen viele Heilverfahren und Techniken aus Kampfanstrengungen hervor.

Die »Vernetztheit« des Internets erzeugt eine spezifische Form informationeller und pseudosozialer Promiskuität, was dazu führt, dass man nach einer Zeit der Selbstbeschränkung in Web-Belangen geradezu ein Gefühl von Reinheit empfindet.

In den meisten Diskussionen scheinen die Leute zu versuchen, sich gegenseitig von etwas zu überzeugen; was sie jedoch bestenfalls erwarten dürfen, sind neue Argumente, um sich selbst zu überzeugen.

Mehr oder weniger charmante Dummkopf-Probleme

Der deprimierendste Aspekt am Leben von Paaren, deren Streitereien man in Restaurants manchmal vom Nebentisch aus unbemerkt mitverfolgt, ist der Umstand, dass sie sich in den allermeisten Fällen des eigentlichen Themas ihres Streits nicht bewusst sind.

Offenbar sind die am wenigsten erfolgreichen Menschen am aktivsten als Ratgeber; dies gilt besonders für die Bereiche Schreiben und Finanzen.

Gerüchte haben nur dann einen Wert, wenn sie dementiert werden.

Auf Dauer ist es wahrscheinlicher, dass man sich selbst als dass man andere belügt.

Es gibt zwei Arten von Menschen: Die einen wollen aus Streitgesprächen als Gewinner hervorgehen, die anderen wollen einfach nur gewinnen. Die beiden Gruppen überschneiden sich nie.

Normalerweise entschuldigt man sich, damit man denselben Fehler wieder begehen kann.

Mathematik verhält sich zu Erkenntnis wie eine künstliche zu einer gewachsenen Hand: ein Amputat, ein Ersatz.

Unsere Gegenwart pflegt diverse Tätigkeiten mit einer selten dummen Umschreibung zu belegen; wir betreiben jetzt Walken als Training und gehen nicht mehr einfach nur rechtfertigungs- und begründungsfrei spazieren.

Die sozialen Medien sind zutiefst antisozial, Gesundheitskost ist erwiesenermaßen ungesund, Wissenschaftler sind extrem unwissend, und die Sozialwissenschaften haben mit Wissenschaft überhaupt nichts zu tun.

Bei vielen Menschen bräuchte man nicht nach einem »Grund für ihr Ableben« zu fragen, wenn sie sterben; viel aufschlussreicher wäre die Frage nach dem »Grund für ihr Lebendigsein«, solange sie noch unter uns weilen.

Es sind diejenigen, die andere benutzen, die es am wenigsten ertragen können, selbst benutzt zu werden.

Stellen Sie niemanden ein, der Ihnen mehr als einen Grund nennt, warum er sich für den Job interessiert.

Denkfehler zweiter Ordnung: Ein Mensch vertraut Ihnen ein Geheimnis an und erwartet, dass Sie es für sich behalten können, während er doch gerade den Beweis dafür geliefert hat, dass er das selbst nicht schafft.

Soziale Netzwerke liefern Informationen zu dem, was Menschen mögen; aufschlussreicher wäre es zu erfahren, was sie nicht mögen.

Die Menschen sind derart beflissen, alles bis ins Kleinste zu begründen, dass es, um einen Wortkargen gesprächig zu machen, ausreicht, ein beiläufiges »Warum?« in die Konversation einzustreuen.

Ich muss mir immer wieder bewusst machen, dass ein wahrhaft unabhängiger Denker aussehen kann wie ein Buchhalter.

Theseus oder Leben wie ein Unzeitgemäßer

Die drei Süchte, die den größten Schaden anrichten, sind Heroin, Kohlehydrate und ein festes Monatsgehalt.

Mein einziger Maßstab für Erfolg ist die Menge an totzuschlagender Zeit.

Ich frage mich, ob ein Löwe (oder ein Kannibale) für Menschen in Freilandhaltung einen Aufpreis zahlen würde.

Wenn Sie beim Spazierengehen Musik hören müssen, gehen Sie bitte nicht spazieren; vor allem: Bitte hören Sie nicht Musik.

Menschen zerstören sich in Kriegszeiten gegenseitig, in Friedenszeiten zerstört sich jeder selbst.

Sportliche Aktivitäten machen Männer weiblicher und Frauen männlicher.

Technologie kann jeden Bereich eines Dummkopflebens aushöhlen (und gefährden), indem sie ihn glauben macht, zu mehr »Effizienz« beizutragen.

Der Unterschied zwischen Technologie und Sklaverei besteht darin, dass Sklaven sich ihrer Unfreiheit voll und ganz bewusst sind.

Im eigentlichen Sinn lebt man dann und nur dann, wenn man in allem, wonach man strebt, mit niemandem konkurrieren muss.

Wenn Sie todkrank sind, verkürzt die Natur Ihr Leiden, indem sie Sie schnell sterben lässt; die Medizin hingegen verlängert Ihr Sterben und damit auch Ihr Leiden.

Naturgegebenheiten wie eine schöne Aussicht oder alte Gegenstände wie ein klassisches Gemälde lassen in uns ein Gefühl von Befriedigung entstehen, während uns Technologien unersättlich machen: Wir lechzen nach Updates, die uns häppchenweise Verbesserungen versprechen, und sind Gefangene in einem mentalen Hamsterrad.

Erst seit der jüngeren Vergangenheit ist das Attribut »hart arbeitend« ein Grund für Stolz. Früher signalisierte es einen Mangel an Talent, an Gewandtheit, vor allem aber an Lässigkeit und Mühelosigkeit, an *sprezzatura*.

Die Vorstellung von einem Sabbatical besteht gemeinhin darin, sechs Tage zu arbeiten und einen Tag lang auszuruhen; meine Vorstellung von einem Sabbatical besteht darin, einen Tag (zum Teil) zu arbeiten und sechs Tage lang auszuruhen.

Was normalerweise als »Spiel« bezeichnet wird (Fitnesstraining, Reisen, Sport), sieht wie Arbeit aus; je mehr man sich anstrengt, desto mehr wird man zum Gefangenen.

Moderne Effizienz ist nichts als aufgeschobene Bestrafung.

Wir sind Jäger; wirklich lebendig sind wir nur in den Augenblicken, wo wir improvisieren; ohne Programm, Stundenplan oder To-do-Listen, nur kleine Überraschungen und Anreize aus der Umgebung.

Man sollte anstelle einer Uhr immer die Langeweile benutzen als biologischen Timer, jedoch unter Einhaltung der Gebote der Höflichkeit.

Bei den meisten Menschen setzt der Zerfall in dem Moment ein, da sie das freie, sozial offene, ungezwungene Collegeleben gegen die Einzelhaft einer Anstellung und abgeschotteten Kleinstfamilie eintauschen.

Dem klassisch gesinnten Menschen bereitet es Pein, einen Leistungssportler zu beobachten, der mit aller Gewalt versucht, zum Tier zu werden statt zum Menschen, und dabei wird er doch nie so schnell sein wie ein Gepard oder so stark wie ein Ochse.

Fertigkeiten, die sich weitergeben lassen: Straßenkämpfe, Querfeldeinwanderungen, Verführung, umfassende Gelehrsamkeit. Fertigkeiten, bei denen das nicht geht: Schule, Spiele, Sport, Laborarbeit – alles, was reduziert und organisiert ist.

Man lebt dann und nur dann im eigentlichen Sinn, wenn sich die eigenen Gesprächsbeiträge (oder Schriften) nicht ohne Weiteres aus Bestandteilen anderer Gespräche rekonstruieren lassen.

Die Engländer haben zwar nur selten Wetterverhältnisse wie am Mittelmeer; nach Spanien aber reisen sie, weil ihre freien Stunden nicht wirklich frei sind.

Für die meisten Menschen haben ihr Beruf und was damit zusammenhängt den zersetzenden Effekt einer chronischen Schädigung.

Die beste Technologie ist unsichtbar.

Der Unterschied zwischen dem wahren und dem modernen Leben ähnelt dem zwischen einem Gespräch und bilateralen Rezitationen.

Wenn ich Männer auf dem Laufband beobachte, denke ich immer daran, wie es die Alphamännchen unter den Löwen, also die stärksten Vertreter ihrer Herde, machen: Sie wenden ein Mindestmaß an Energie auf, schlafen zwanzig Stunden am Tag; das Jagen besorgen andere für sie. *Caesar pontem fecit.**

Jede soziale Vereinigung, die nicht auf direktem Kontakt beruht, schadet der Gesundheit.

* Wörtlich übersetzt: »Caesar baute eine Brücke«; die Subtilität der Formulierung liegt allerdings darin, dass es ebenso gut »Er ließ sich eine Brücke bauen« bedeuten kann.

Die Gelehrtenrepublik

Schreiben ist die Kunst, sich zu wiederholen, ohne dass es jemand merkt.

Die meisten Menschen schreiben, damit sie sich erinnern können; ich schreibe, um zu vergessen.

Was andere Philosophie nennen, nenne ich Literatur; was andere Literatur nennen, nenne ich Journalismus; was andere Journalismus nennen, nenne ich Tratsch; und was andere Tratsch nennen, nenne ich (mit der mir eigenen Nachsicht) Voyeurismus.

Schriftsteller bleiben mit ihrem besten Buch in Erinnerung, Politiker mit ihren ärgsten Fehlern, an Geschäftsleute erinnert sich später fast nie jemand.

Wenn Kritiker einen Autor dafür tadeln, dass er nicht das Buch geschrieben hat, das sie lesen wollten, dann tadeln sie ihn in Wahrheit dafür, dass er ein Buch geschrieben hat, das ihren Vorstellungen durchaus entspricht, das sie aber unfähig waren, selbst zu schreiben.

In der Literatur geht es nicht darum, Qualität vorzuführen, sondern vielmehr darum, (die eigenen) Mängel zu retuschieren.

Wer sich eine Freude machen will, lese ein Kapitel Nabokov. Wer sich bestrafen will, lese zwei.

Es gibt einen Unterschied zwischen ausgesprochener Hypochondrie und Literatur, er entspricht dem zwischen Selbsthilfe und Philosophie.

Man sollte das Offensichtliche nie aus dem Blick verlieren: Der Zauber liegt im Ungesagten, im Ungeschriebenen, im nicht Dargestellten. Ein Meister zeigt sich darin, dass er das Schweigen beherrscht.

Kein Autor sollte als gescheitert angesehen werden, bevor er nicht angefangen hat, anderen das Schreiben beizubringen.

Die exakte Naturwissenschaft liefert sensationelle Ergebnisse vermittels eines grauenhaft langweiligen Verfahrens; die Philosophie liefert langweilige Ergebnisse vermittels eines sensationell spannenden Verfahrens; die Literatur liefert sensationell aufregende Ergebnisse vermittels eines sensationell spannenden Verfahrens; und die Wirtschaftswissenschaft liefert langweilige Ergebnisse vermittels eines langweiligen Verfahrens.

Mit einer gehaltvollen Sentenz kann man das letzte Wort haben, ohne ein Gespräch überhaupt erst anfangen zu müssen.

Es gibt Autoren, die froh sind, wenn sie mit dem Schreiben fertig sind, und andere, die das Schreiben selbst genießen; genauso gibt es Bücher, deren Lektüre man genießt, und andere, bei denen man froh ist, sie hinter sich zu haben.

Ein Genie ist ein Mensch mit Schwächen, die schwerer zu imitieren sind als seine Stärken.

Bei herkömmlichen Büchern kann man den Text lesen und die Fußnoten ignorieren; bei Büchern, die von Akademikern verfasst wurden, kann man die Fußnoten lesen und den Text ignorieren; und bei wirtschaftswissenschaftlichen Büchern kann man getrost beides ignorieren.

Verdoppelt man die Gelehrsamkeit eines Menschen, so halbiert man die Anzahl seiner Zitate.

Versager, die das Werk eines anderen kommentieren, der offensichtlich Eindrucksvolles geleistet hat, fühlen sich bemüßigt, den Künstler überflüssigerweise dadurch herabzusetzen, dass sie auf das hinweisen, was er nicht ist (»Er ist kein Genie, aber …«; »Ein Leonardo ist er nicht, doch …«), anstatt zu sagen, was er ist.

Die Lebendigkeit eines Autors steht in einem umgekehrt proportionalen Verhältnis zu den Klischees, die er in seine Texte einbringt.

Was wir Businessbücher nennen, ist eine von Buchhändlern erfundene Kategorie, in die Machwerke ohne Tiefe, ohne Stil, ohne empirischen Gehalt und ohne sprachliche Raffinesse abgeschoben werden.

Genau wie Dichter und Maler kommen auch Bürokraten als solche zur Welt; normal Sterblichen verlangt es übermenschliche Anstrengung ab, sich über einen längeren Zeitraum derart geisttötenden Arbeiten zu unterziehen.

Die Kosten der Spezialisierung: Architekten bauen, um andere Architekten zu beeindrucken; Models hungern, um andere Models zu beeindrucken; Akademiker schreiben, um andere Akademiker zu beeindrucken; Regisseure wollen andere Regisseure in Staunen versetzen; Maler beeindrucken Kunsthändler; Autoren allerdings, die schreiben, um Verleger zu beeindrucken, sind ziemlich sicher zum Scheitern verurteilt.

Es ist eine Vergeudung von emotionaler Energie, auf Kritiker zu antworten; besser ist es, lang nach deren Ableben immer noch verlegt zu werden.

Dass ein Autor vorhat, bei mir abzukupfern, und dass er es zudem schlecht machen wird, kann ich vorhersagen, wenn er schreibt, dass Taleb die Theorie der Schwarzer-Schwan-Ereignisse »popularisiert« habe.

Zeitungsleser, die mit echter Prosa konfrontiert werden, sind mit Gehörlosen in einer Puccini-Oper vergleichbar: Vielleicht gefällt ihnen das eine oder andere, letztlich aber fragen sie sich: »Und was soll das Ganze?«

Manche Bücher (echte Literatur, Dichtung) können nicht zusammengefasst werden; andere können auf rund zehn Seiten komprimiert werden; die überwiegende Mehrzahl auf null Seiten.

Das sich exponentiell steigernde Informationszeitalter gleicht einer Person mit verbaler Inkontinenz: Sie redet immer mehr, und immer weniger Menschen hören zu.

Es ist weitaus schwieriger, eine Kritik über ein Buch zu schreiben, das man gelesen hat, als über eines, das man nicht gelesen hat.

Was wir Fiktion nennen, ist, schaut man genauer hin, wesentlich weniger fiktional als die sogenannte Non-Fiction; allerdings normalerweise auch weniger einfallsreich.

Die meisten sogenannten Schriftsteller schreiben und schreiben immer weiter in der Hoffnung, eines schönen Tages endlich etwas zu sagen zu haben.

Wir haben heute meistens nur die Wahl zwischen denen, die klar und deutlich über ein Thema schreiben, das sie nicht verstehen, und denen, die schlecht über ein Thema schreiben, das sie nicht verstehen.

Das Dunkle Zeitalter der Informationsüberflutung: Im Jahr 2010 wurden allein in englischer Sprache 600 000 Bücher veröffentlicht, aus denen es sich nur einige wenige Zitate zu behalten lohnt. Um das Jahr Null herum wurden lediglich eine Handvoll Bücher geschrieben. Und obwohl nur so wenig davon überliefert ist, gibt es eine Menge Zitate.

Früher waren die meisten Menschen unwissend, nur mit einem von tausend konnte man sich gepflegt unterhalten. Heute sind die Menschen im Schnitt besser ausgebildet – ein echter Gedankenaustausch dagegen ist wegen des Fortschritts, der Medien und der Finanzwirtschaft nur noch mit einem von zehntausend möglich.

Es fällt uns leichter, (unfreiwillig) querzuhandeln als (vorsätzlich) querzudenken.

Die Hälfte aller Dummheit besteht darin, nicht zu merken, dass das, was einem selbst nicht gefällt, einem anderen Menschen (also vielleicht auch einem selbst, später einmal) sehr wohl etwas bedeuten kann, und umgekehrt.

Es ist viel weniger gefährlich, wie ein Mann der Tat zu denken als wie ein Mann des Geistes zu handeln.

Literatur wird lebendig, wenn sie Laster, Mängel, Schwächen und Unordnung zudeckt; wenn sie anfängt zu predigen, stirbt sie sofort.

Das Allgemeine
und das Besondere

Alles, was ich mir selbst beigebracht habe, weiß ich noch.

Gewöhnliche Geister entdecken in Geschichten (und Situationen) Ähnlichkeiten; erlesene Geister entdecken Unterschiede.

Um den Unterschied zwischen dem Allgemeinen und dem Besonderen verstehen zu wollen, denke man an Menschen, die sich deshalb sorgfältig kleiden, weil sie eine Einzelperson beeindrucken wollen, und nicht etwa eine ganze Ansammlung von Menschen.

Unbewusst assoziieren wir Gemeinsamkeiten mit Freunden, Unähnlichkeiten mit Fremden und Gegensätze mit Feinden.

Viele Menschen sind derart unoriginell, dass sie Geschichte studieren, um Fehler zu finden, die sie wiederholen können.

Es gibt nichts, was (im Allgemeinen) für schädlich gehalten wird, das nicht in bestimmten Situationen nützlich sein kann, und nichts, was für nützlich erachtet wird, das einem nicht unter bestimmten Umständen schaden kann. Je komplexer das System, desto verschwommener die Wahrnehmung des Allgemeinen.

Der Narr generalisiert das Besondere; der Nerd spezifiziert das Allgemeine; einige Menschen tun beides; der Weise unterlässt beides.

Wir wollen wir selbst sein, einzigartig; das Kollektiv (Schule, Regeln, Berufstätigkeit, Technologie) will uns in einem Ausmaß verallgemeinern, das einer Kastration gleichkommt.

Wahre Liebe ist der vollständige Sieg des Besonderen über das Allgemeine – und des Unbedingten über das Bedingte.

Narren des Zufalls

Wenn wir unsere Umwelt nicht manipulieren, haben wir über die Dinge und Menschen, über die wir nachdenken, so wenig Kontrolle wie über unsere Herzmuskulatur.

Eine Begleiterscheinung des Moore'schen Gesetzes*: Alle zehn Jahre halbiert sich die kollektive Weisheit.

Berauben Sie einen Menschen nie einer Illusion, wenn Sie sie nicht durch eine andere ersetzen können. (Aber geben Sie sich dabei auch nicht zu viel Mühe; die Ersatzillusion muss nicht einmal überzeugender sein als die ursprüngliche.)

* Nach dem Moore'schen Gesetz verdoppelt sich alle 18 Monate die Leistungsfähigkeit von Computern.

Tragisch ist, dass man vieles von dem, was man für Zufall hält, beeinflussen kann, und – was noch schlimmer ist – dies gilt auch umgekehrt.

Der Narr hält sich selbst für einzigartig und die anderen für gewöhnlich; der Weise hält sich selbst für gewöhnlich und die anderen für einzigartig.

Die Medizin konnte die Menschen deshalb so lange täuschen, weil ihre Erfolge an die große Glocke gehängt und die Irrtümer (buchstäblich) vergraben wurden.

Die Falle des Dummen besteht darin, auf das zu schauen, was er selbst weiß, andere aber nicht, – anstatt genau andersherum vorzugehen.

Der Mensch im Mittelalter war ein winziges Rädchen in einem Weltgetriebe, das er nicht verstand; der moderne Mensch ist ein Rädchen in einem hoch komplexen System, von dem er meint, er verstehe es.

Das Unheil des Informationszeitalters besteht darin, dass die Toxizität der Daten sehr viel schneller zunimmt als ihr Nutzen.

Die Rolle der Medien lässt sich am besten an dem Weg von Cato dem Älteren zu einer modernen Politikerpersönlichkeit studieren. Wer sich gruseln will, ziehe die Linie weiter.

Den meisten Info-Web-Medien-Zeitungen fällt es äußerst schwer, die Vorstellung zu verdauen, dass Wissen (ganz überwiegend) dadurch erreicht wird, dass man Überflüssiges aus den Köpfen der Menschen entfernt.

Kultivierte Menschen tolerieren kleinere Widersprüchlichkeiten bei ihren Mitmenschen, nicht aber die großen; die Schwachen hingegen tolerieren die großen Widersprüchlichkeiten der anderen, nicht aber die kleinen.

Zufälligkeit ist nicht zu unterscheiden von komplizierter, nicht wahrgenommener und nicht wahrnehmbarer Ordnung; andererseits ist aber auch Ordnung nicht zu unterscheiden von kunstvoller Zufälligkeit.

Geistige Klarheit ist die Tochter des Mutes, nicht umgekehrt.*

* Der schlimmste Irrtum seit Sokrates besteht darin zu glauben, mangelnde Klarheit sei die Wurzel all unserer Übel und nicht vielmehr deren Resultat.

Ästhetik

Kunst ist eine einseitige Unterredung mit dem Unbeobachteten.

Das Genie Benoît Mandelbrots besteht darin, ästhetische Schlichtheit zu erreichen, ohne auf Gleichmäßigkeit zurückgreifen zu müssen.

Schönheit wird vergrößert durch ungeniert zur Schau gestellte Unregelmäßigkeiten; Pracht durch eine Fassade aus Fehlgriffen.

Zum Verständnis von »Fortschritt«: Sämtliche Orte, die wir hässlich finden, sind menschengemacht und modern (Newark), keiner von ihnen ist naturwüchsig oder historisch (Rom).

Wir lieben Unvollkommenheit – die richtige Art von Unvollkommenheit; wir geben viel Geld aus für originale Kunstwerke und für Erstausgaben, in denen es von Druckfehlern nur so wimmelt.

Die meisten Menschen können erst dann sagen: »Das ist große Kunst«, wenn außer ihnen eine weitere Person sagt: »Das ist große Kunst«; manche brauchen sogar zwei oder mehr Personen.

Al-Mutanabbi brüstete sich, von allen arabischen Dichtern der Beste zu sein, und er tat das im herrlichsten aller arabischen Gedichte.

Witz verführt, indem er brillante Intelligenz ohne dumpfe Absonderlichkeit (»Nerdiness«) verspricht.

In klassischen Darstellungen bedeutender Personen sind die Männer schlank und die Frauen füllig; auf modernen Fotografien verhält es sich genau umgekehrt.

So wie es keinen Affen gibt, der besser aussähe als noch der hässlichste aller Menschen, so ist kein Wissenschaftler kreativer als der schlechteste Künstler.

Will man einen Dichter ärgern, dann erläutere man ihm, wie seine Dichtung funktioniert.

Ethik

Wenn Sie auch nur einen Grund dafür angeben können, mit einem anderen Menschen befreundet zu sein, dann sind Sie keine Freunde.

Das größte Problem, das ich mit der Moderne habe, besteht wohl in der zunehmenden Kluft zwischen dem Ethischen und dem Legalen.*

Das Schöne am Leben: Die größte Freundlichkeit, die einem im Leben widerfährt, kann von einem Außenstehenden kommen, dem es nicht um eine Gegenleistung geht.**

* Der ehemalige amerikanische Finanzminister, der »Bankster« Robert Rubin – möglicherweise der übelste Dieb in der Geschichte der Menschheit –, handelte nicht gegen das Gesetz. Der Unterschied zwischen dem Legalen und dem Ethischen wird in einem komplexen System immer größer … und bringt es letztlich zur Explosion.

** Die Kehrseite: Der schlimmste Schmerz wird Ihnen womöglich von jemandem zugefügt, der Sie irgendwann einmal gernhatte.

Unsere Hilfsbereitschaft ist gegenüber denen am größten, die uns am wenigsten brauchen.

Um den Wert eines Menschen einzuschätzen, ermesse man den Unterschied zwischen dem Eindruck, den er bei der ersten Begegnung hinterließ, und dem des letzten Zusammentreffens.

Meditation ist eine Methode, sich narzisstisch zu verhalten, ohne andere damit zu kränken.

Wahre Bescheidenheit liegt vor, wenn es einem gelingt, sich selbst mehr zu überraschen als andere; alles andere ist entweder Schüchternheit oder gekonnte Selbstvermarktung.

Wenn Einzelpersonen mit ihren Leistungen angeben, halten wir das für eine extreme Geschmacklosigkeit; wenn hingegen Länder dasselbe tun, bezeichnen wir es als »Nationalstolz«.

Überzeugen kann man nur jemanden, der der Meinung ist, er profitiere davon, überzeugt zu werden.

Größe beginnt mit der Ersetzung von Hass durch höfliche Verachtung.

Man sollte eher Menschen trauen, die ihren Lebensunterhalt damit verdienen, dass sie sich hinlegen oder aufstehen, als Menschen, die sich zu diesem Zweck hinsetzen.

Die Tragik der Tugend besteht darin, dass ein Sprichwort desto schwerer umzusetzen ist, je banaler, langweiliger, unorigineller und moralinsaurer es daherkommt.

Selbst die schlimmsten Geizkrägen können großzügig mit Ratschlägen sein.

Die Entwicklung der Religionen und Morallehren verlief folgendermaßen: Erst versprachen sie einem den Himmel, *falls* man Gutes tat, dann versprachen sie himmlische Seligkeit für die Zeit, *während der* man Gutes tat, um *schließlich* die Menschen zu dem Versprechen zu bewegen, Gutes zu tun.

Trauen Sie nie einem Menschen, der auf ein regelmäßiges Einkommen angewiesen ist, es sei denn, es handelt sich dabei um den Mindestlohn.*

Ihre physische Stärke wird unter Umständen mit zunehmendem Alter nachlassen, ganz bestimmt aber nicht Ihre Weisheit.

Schwache Menschen handeln, um ihre Bedürfnisse zu befriedigen, stärkeren Menschen geht es um ihre Pflichten.

Wenn Sie mich anlügen, dann bleiben Sie dabei; beleidigen Sie mich nicht dadurch, dass Sie plötzlich die Wahrheit sagen.

Man sollte niemanden einen Helden nennen, der keine andere Wahl hatte.

* Leute, die sich in den Fängen einer Festanstellung befinden, tun alles, um »ihre Familie zu ernähren«.

Die einen danken Ihnen für das, was Sie ihnen gegeben haben, und die anderen verübeln Ihnen, was Sie ihnen vorenthalten haben.

Ein ethisch denkender Mensch stimmt seinen Beruf mit seinen Überzeugungen ab und nicht umgekehrt. Seit dem Mittelalter werden solche Menschen immer seltener.

Ich traue jedem, nur nicht denen, die mir sagen, sie seien vertrauenswürdig.

Jeder Mensch braucht hin und wieder eine Pause in Sachen Eigenwerbung und jemanden in seinem Leben, der nicht beeindruckt werden muss. Das erklärt, warum sich so viele einen Hund halten.

Wahre Selbstlosigkeit besteht darin, den Undankbaren zu helfen. Alles andere ist Eigennutz.*

* Das besagt schon die Kant'sche Ethik.

Ich frage mich, ob Gauner sich vorstellen können, dass ehrenwerte Bürger gerissener sein können als sie selbst.

Bei Proust gibt es eine Figur, den Morel, der den Juden Nissim Bernard, von dem er sich Geld geliehen hat, dämonisiert und sogar zum Antisemiten wird – einfach nur, damit er nicht dankbar sein muss.

Wenn man jemandem Glück als Lohn für gute Taten in Aussicht stellt, dann klingt das wie Bestechung – vielleicht ist das ein Relikt einer archaischen, prä-deontischen, vorklassischen Moralauffassung.

Der Unterschied zwischen Größe und Arroganz liegt in dem, was ein Mensch tut, wenn keiner zuschaut.

Der Nationalstaat: Apartheid jenseits politischer Unkorrektheit.

In einer Menge von hundert Menschen versammeln sich 50 Prozent des Reichtums, 90 Prozent der Phantasie und 100 Prozent des intellektuellen Mutes in einer Person, wobei es sich nicht notwendigerweise immer um ein und dieselbe handeln muss.

Gefärbte Haare machen ältere Männer unattraktiver, so wie die eigenen Schwächen durch das abstoßend werden, was man unternimmt, um sie zu verbergen.

Bei Soldaten benutzen wir den Begriff »Söldner«, wenn wir Männer bezeichnen, die vor allem um des materiellen Gewinns willen kämpfen; Arbeitnehmer jedoch sprechen wir vom Ruch der Käuflichkeit frei mit der Maxime »Jeder muss irgendwie sein Auskommen finden«.

Die englische Sprache unterscheidet (ebenso wie die deutsche) nicht zwischen Arroganz nach oben (Respektlosigkeit gegenüber zeitweilig Mächtigen) und Arroganz nach unten (gegenüber rangniedrigeren Personen).

Jemand aus der eigenen sozialen Klasse, der verarmt, beschäftigt einen mehr als Tausende Verhungernde außerhalb der eigenen Klasse.

Antifragilität

Man ist erst dann auf der sicheren Seite, wenn man sein Vermögen verlieren kann ohne die zusätzliche Kränkung, sich erniedrigen zu müssen.*

Um die Antifragilität eines Menschen und seine Widerstandsfähigkeit gegen rufschädigende Irrtümer zu testen, fragen Sie ihn vor Publikum, ob es »immer noch so schlecht um ihn bestellt« sei oder ob er »nach wie vor Geld« verliere, und beobachten Sie seine Reaktion.

Antifragilität ist Fortschritt ohne Ungeduld.

Ist man zwischen zwei Alternativen hin- und hergerissen, sollte man keine von beiden nehmen.

* Die Regel meines Ur-Ur-Ur-Ur-Urgroßvaters.

Nationalstaaten mögen Krieg; Städte mögen Handel; Familien mögen Stabilität; und jeder Mensch mag Unterhaltung.

Antifragil sind wir, wenn uns die Wenigen, die unsere Arbeit wertschätzen, mehr bedeuten als die Vielen, die sie ablehnen (Künstler); fragil sind wir, wenn uns die Wenigen, die unsere Arbeit ablehnen, mehr bedeuten als die Vielen, die sie wertschätzen (Politiker).

Rationalisten träumen von einer Gesellschaft, die frei von Idioten ist; Empiristen träumen von einer Gesellschaft, die sicher vor Idioten ist – oder besser noch vor Rationalisten.

Akademiker sind lediglich dann nützlich, wenn sie (wie beispielsweise in der Mathematik und der Philosophie) sich bemühen, nutzlos zu sein; gefährlich wird es, wenn sie sich nützlich machen wollen.

Für den Antifragilen ist ein Irrtum eine Information; für den Fragilen ist ein Irrtum ein Irrtum.

Der beste Test Ihrer Widerstandsfähigkeit gegen Rufschädigung ist Ihr Gefühlszustand (Angst, Freude, Gelangweiltsein), wenn Sie eine E-Mail von einem Journalisten bekommen.

Der größte Nachteil, ein Schriftsteller zu sein (besonders in Großbritannien), besteht darin, dass es nichts gibt, was man öffentlich oder privat unternehmen könnte, das in der Lage wäre, den eigenen Ruf zu schädigen.

Leidenschaftlicher Hass endet (bei Nationen wie bei Individuen) dann, wenn sich der Hass einem anderen Objekt zuwendet; Mittelmäßigkeit kann nicht mehr als einen Feind bedienen. Deshalb sind kriegführende Kleinstaaten mit wechselnden Allianzen und Feindschaften ein antifragiles System.

Ich finde es inkonsequent (und korrupt), große Regierungsapparate abzulehnen, große Unternehmen dagegen zu befürworten – (leider) aber nicht umgekehrt.

Wie oft ist man nach einem Flug über den Atlantik eine, drei oder sechs Stunden zu spät gelandet, nicht aber eine, drei oder sechs Stunden zu früh? Das erklärt, warum Verluste dazu tendieren, größer zu sein als geplant und nicht kleiner.

Ludische Verzerrung und Kontextabhängigkeit*

Sport ist standardisierte und fatalerweise prostitutive Zufälligkeit.

Wenn man jemanden verprügelt, hat das einen körperlichen Trainingseffekt und baut Stress ab; wenn man ihn verbal im Internet angreift, verletzt man lediglich sich selbst.

Glatte Oberflächen, Wettkampfsport und Spezialistentum führen zu einer Verknöcherung von Geist und Körper, Wettbewerb in der akademischen Welt verknöchert die Seele.

* Ludisch kommt vom lateinischen *ludus*, »Spiel«; die ludische Verzerrung ist im *Schwarzen Schwan* beschrieben: Es ist die Tendenz, das Leben an Spiele (oder formale Vorgaben) mit klaren Regeln anzugleichen, anstatt umgekehrt vorzugehen. Kontextabhängigkeit bedeutet, dass man sich in einem Kontext (beispielsweise im Fitnessstudio) anders verhält als in einem anderen.

Bei seiner Ankunft im Hotel in Dubai ließ der Geschäftsreisende einen Hotelangestellten seine Koffer tragen; später sah ich ihn im Fitnessstudio Gewichte stemmen.

Es ist eine allgemein anerkannte Tatsache, dass Schachtraining lediglich die Schachfähigkeiten erweitert, aber man will nicht einsehen, dass Schulunterricht (fast) ausschließlich schulrelevante Fähigkeiten erweitert.

Spiele wurden erfunden, um unheroischen Menschen die Illusion zu geben, Gewinner zu sein. Im richtigen Leben weiß man nie genau (oder erst zu spät), wer gewonnen oder verloren hat, aber man kann sagen, wer heroisch ist und wer nicht.

Es gibt Menschen, die lesen Gibbons *Verfall und Untergang des Römischen Reichs* auf einem elektronischen Lesegerät, weigern sich aber, einen Château Lynch-Bages aus einem Plastikbecher zu trinken.

Ich habe den Verdacht, dass IQ-Tests, standardisierte Universitäts-Aufnahmeprüfungen und Schulnoten von Nerds erfunden und so angelegt wurden, dass sie selbst hohe Werte erzielen und einer den anderen intelligent nennen kann.*

Das beste Beispiel für die Kontextabhängigkeit unseres Verhaltens erlebte ich bei meinem letzten Aufenthalt in Paris: Beim Mittagessen in einem französischen Restaurant aßen meine Freunde den Lachs und ließen die Haut liegen; beim Abendessen in einer Sushibar aßen dieselben Freunde die Haut und ließen den Lachs liegen.

Fragilität: Wir haben die Tapferkeit immer weiter von der Kriegführung getrennt; heute können Wichte mit einer gewissen Fingerfertigkeit am Computer ohne die mindeste Gefährdung ihres eigenen Lebens Menschen umbringen.

* Gescheite, ja weise Menschen, die in IQ-Tests schlecht abschneiden, beziehungsweise intellektuell erwiesenermaßen defiziente Personen wie der ehemalige US-Präsident G. W. Bush, die einen hohen Wert erzielen (130), sind selbst Prüfsteine für den Test und nicht umgekehrt.

Epistemologie und subtraktives Wissen

Seit Platon haben sich das westliche Denken und die Theorie des Wissens auf die Dichotomie wahr-falsch konzentriert. So löblich das war, jetzt ist es höchste Zeit, den Fokus auf den Gegensatz antifragil-fragil zu verschieben und die Sozial-Epistemologie auf das ernsthaftere Problem der Dummköpfe im Unterschied zu den Weisen (Sucker-Nonsucker).

Das Problem des Wissens besteht darin, dass es sehr viel mehr Bücher über Vögel gibt, die von Ornithologen geschrieben wurden, als Bücher von Vögeln über Vögel und Bücher von Vögeln über Ornithologen.

Ein echter Dummkopf vermag durchaus nachzuvollziehen, dass Säue auf Perlen glotzen können, ist aber nicht in der Lage zu erkennen, dass er selbst sich womöglich in einer vergleichbaren Situation befindet.

Es gehört außerordentliche Weisheit und Selbstbeherrschung dazu, zu akzeptieren, dass vielen Dingen eine Logik innewohnt, die wir nicht verstehen und die besser funktioniert als unsere eigene.

Wissen ist subtraktiv, nicht additiv – entscheidend ist, was wir wegnehmen (was nicht funktioniert, was wir unterlassen sollten), nicht, was wir hinzufügen (was wir tun sollten).*

Allgemein wird angenommen, Intelligenz habe etwas damit zu tun, Sachverhalte zu erkennen, die relevant sind (also Muster zu erfassen); in einer komplexen Welt besteht Intelligenz darin, Sachverhalte zu ignorieren, die irrelevant sind (um nicht auf falsche Muster hereinzufallen).

Glück: Wir wissen nicht, was es ist, wie wir es messen oder wie wir es erlangen können, aber wie wir Unglück vermeiden, wissen wir ganz genau.

* Die beste Methode, einen Scharlatan zu erkennen: Wenn Ihnen jemand (ein Berater oder ein Börsenmakler) sagt, was Sie tun sollen, anstatt Sie auf das hinzuweisen, was Sie besser nicht tun.

Die Phantasie des Genies übersteigt seinen Verstand beträchtlich; der Verstand des Akademikers übersteigt seine Phantasie beträchtlich.

Das ideale Trivium zur Grundlegung eines Lehrplans, der einerseits in der Gesellschaft und andererseits bei den Schülern am wenigsten Schaden anrichten würde, bestünde aus Mathematik, Logik und Latein: eine doppelte Portion lateinischer Autoren, um den gravierenden Weisheitsverlust auszugleichen, den die Mathematik verursacht; und gerade genug Mathematik und Logik, um Geschwafel und Phrasendrescherei vorzubeugen.

Die vier einflussreichsten Denker der Moderne – Darwin, Marx, Freud und (der kreative) Einstein – waren Gelehrte, aber keine Akademiker. Es war schon immer schwer, innerhalb von Institutionen Originelles und Unvergängliches zu schaffen.

Das Ärgernis der Prognosen

Ein Prophet zeichnet sich nicht dadurch aus, dass er außergewöhnliche Visionen hat, im Gegenteil: Er ist blind für gewisse Dinge, die die meisten anderen sehen.

Die Vorhersage historischer Ereignisse stellte in der Antike eine Beleidigung der Götter dar; ich sehe darin eine Beleidigung des Menschen – was für einige gleichbedeutend ist mit einer Beleidigung der Wissenschaft.

Die Alten wussten sehr genau, dass man Ereignisse nur dann wirklich verstehen kann, wenn man sie verursacht hat.

Jeder, der eine Vorhersage trifft oder eine Meinung zum Ausdruck bringt, ohne dabei ein Risiko einzugehen, ist in gewisser Weise verlogen. Wenn er nicht riskiert, selbst mit dem Schiff unterzugehen, muss er sich vorkommen, als schaue er einen Abenteuerfilm an.

Man würde nicht so schnell auf Vorhersagen hereinfallen, wenn man darauf aufmerksam gemacht würde, dass in den semitischen Sprachen Vorhersage und »Prophezeiung« mit demselben Wort bezeichnet werden.

Seneca war der Meinung, der kluge Stoiker solle sein Engagement für das öffentliche Wohl einstellen, wenn man nicht auf ihn hört und das Staatswesen unwiderruflich korrumpiert ist. Es zeugt von größerer Weisheit zuzuwarten, bis es sich selbst zerstört.

Die Kunst, Philosoph zu sein – und es zu bleiben

Wer Philosoph werden möchte, beginne damit, gemächliche Spaziergänge zu unternehmen.

Wahre Mathematiker verstehen Vollständigkeit; wahre Philosophen verstehen Unvollständigkeit; alle Übrigen verstehen ausdrücklich gar nichts.

In fünfundzwanzig Jahrhunderten gab es nicht ein einziges menschliches Wesen mit einer Brillanz, Tiefe, Eleganz, einem Witz und Vorstellungsvermögen, das es mit Platon hätte aufnehmen – das uns vor seinem Vermächtnis hätte in Schutz nehmen können.

Warum habe ich ein derart obsessives Problem mit Platon? Die meisten Menschen müssen ihre Vorgänger überflügeln; Platon schaffte es, seine sämtlichen Nachfolger zu überflügeln.

Philosoph sein heißt: Auf langen Spaziergängen durch Denken und nichts als Denken zu einem Wissen *a priori* zu gelangen, das anderen nur *a posteriori* – und das auch nicht immer – aufgrund ihrer Fehler, Krisen, Unfälle und Pleiten zugänglich ist.

Ingenieure können rechnen, aber nicht definieren, Mathematiker können definieren, aber nicht rechnen, Wirtschaftswissenschaftler können weder definieren noch rechnen.

Etwas Endliches mit unbekannter Obergrenze ist erkenntnistheoretisch gleichbedeutend mit etwas Unendlichem. So sieht epistemische Unendlichkeit aus.

Bewusste Unwissenheit erweitert die Erfahrungswelt, gesetzt den Fall, man weiß sie zu nutzen; sie kann die Dinge unendlich werden lassen.

Für die antiken Philosophen war philosophische Erkenntnis das Produkt eines Lebens in Muße; für mich ist das Leben in Muße das Produkt philosophischer Erkenntnis.

Man braucht schon eine Menge Verstand und Selbstvertrauen, um zu akzeptieren, dass das, was Sinn macht, in Wahrheit keinen Sinn macht.

Ein theologisches Prokrustesbett: Für die Orthodoxen seit Gregorios Palamas und für die Araber seit al-Ghazali stellten die Versuche, Gott in der Sprache der philosophischen Universalien zu definieren, einen rationalistischen Irrtum dar. Ich warte immer noch darauf, dass ein Denker der Moderne das aufgreift.

Von einer »Mathematik der Unbestimmtheit« zu sprechen ist, wie wenn man die »Keuschheit des Sex« proklamierte – was mathematisiert wird, ist nicht mehr unbestimmt, und vice versa.

Leider lernen wir am meisten von Narren, Wirtschaftswissenschaftlern und anderen auf den Kopf gestellten Vorbildern – und wir zahlen es ihnen mit schlimmster Undankbarkeit heim.

In Platons *Protagoras* grenzt Sokrates die Philosophie als gemeinsame Suche nach der Wahrheit von der Praxis der Sophisten ab, die die Rhetorik benutzen, um in Debatten die Oberhand zu gewinnen, mit dem Ziel von Ruhm und materiellem Gewinn. Fünfundzwanzig Jahrhunderte später ist Letzteres genau die Haltung bezahlter Forscher und moderner Akademiker, für die eine Festanstellung das am innigsten zu wünschende Ziel ist. Fortschritt.

Das Wirtschaftsleben und andere Vulgaritäten

Es gibt Berufsbezeichnungen wie »Wirtschaftswissenschaftler«, »Prostituierte« oder »Berater«, deren Informationsgehalt durch ergänzende Zusätze nicht größer wird.

Ein Mathematiker geht von einem Problem aus und erarbeitet eine Lösung; ein Berater geht von einer »Lösung« aus und schafft ein Problem.

Was andere »Risiko« nennen, nenne ich Gelegenheit; was andere jedoch eine »risikoarme« Gelegenheit nennen, bezeichne ich als das typische Dummkopf-Problem.

Organisationen sind mit aufgeputschten Tölpeln vergleichbar, die ohne es zu merken rückwärts joggen; man erfährt nur von den wenigen, die ihr Ziel erreichen.

Ob jemand besonders dumm (oder besonders weise) ist, lässt sich am besten daran feststellen, ob Nachrichten aus der Finanzwelt oder der Politik Sinn für ihn machen.

Die Linke ist überzeugt, dass Modelle klug sein müssen, weil die Märkte dumm sind; die Rechte meint, Modelle seien dumm, weswegen die Märkte klug sein müssen. Leider erschließt sich beiden Seiten nicht, dass sowohl die Märkte als auch die Modelle äußerst dumm sind.

Die Wirtschaftswissenschaft gleicht einem toten Stern, der immer noch Licht zu erzeugen scheint, dabei weiß man, dass er tot ist.

Dummköpfe glauben, Geiz sei mit Geld zu heilen, Sucht mit Drogen, Expertenprobleme mit Experten, das Bankwesen mit Bankern, die Wirtschaft mit Wirtschaftswissenschaftlern und Schuldenkrisen mit neuen Schulden.

Man kann sicher sein, dass ein Unternehmenschef allen Grund hat, sich Sorgen zu machen, wenn er öffentlich verlauten lässt, es gäbe »nicht den geringsten Grund zur Sorge«.

Die Börse, kurz gefasst: Teilnehmer, die sich geduldig anstellen, um abgeschlachtet zu werden, und meinen, alles geschehe für eine Broadway-Show.

Der Hauptunterschied zwischen Rettungspaketen der Regierung und dem Rauchen besteht darin, dass es beim Rauchen einige wenige Fälle gibt, in denen die Behauptung »das ist jetzt aber wirklich das letzte Mal« tatsächlich zutrifft.

Was uns angreifbar macht, ist die Tatsache, dass Institutionen nicht dieselben Tugenden (Ehrgefühl, Aufrichtigkeit, Mut, Treue, Beharrlichkeit) haben können wie Individuen.

Die schlimmsten Schäden wurden durch kompetente Menschen angerichtet, die Gutes tun wollten; die überzeugendsten Verbesserungen erzielten inkompetente Menschen, die nicht die Absicht hatten, Gutes zu tun.

Der Unterschied zwischen Banken und der Mafia: Banken haben zwar besseres Fachwissen im juristisch-behördlichen Bereich, dafür hat die Mafia ein Gespür für die Stimmung der Öffentlichkeit.

»Es ist viel leichter, jemanden um Milliarden zu betrügen als lediglich um Millionen.«*

Bei einem Diskussionsforum in Moskau erlebte ich den Wirtschaftswissenschaftler Edmund Phelps, dem der Nobelpreis für Bücher verliehen wurde, die kein Mensch liest, für Theorien, mit denen kein Mensch arbeitet, und für Vorträge, die kein Mensch versteht.

Einer der Gründe für das Versagen »wissenschaftlicher Näherungswerte« im nichtlinearen Bereich ergibt sich aus der ungemütlichen Tatsache, dass der Durchschnitt der Erwartungen sich von der Erwartung von Durchschnitten unterscheidet.**

* Angeregt durch B.L. Madoff.

** Überqueren Sie keinen Fluss, wenn Sie von der Begründung ausgehen, er sei im Schnitt einen Meter zwanzig tief. Auch bekannt als Jensen'sche Ungleichung.

Journalisten als Aphoristiker ex negativo: Meine Feststellung »Man muss wirklich was draufhaben, um einen BMW zu bekommen, und man muss was drauf plus Glück haben, um ein Warren Buffett zu werden« wurde zusammengefasst zu »Taleb meint, Buffett habe nichts drauf«.

Der neugierige Geist verlegt sich auf die Wissenschaft; der begabte und sensible auf die Kunst; der praktische auf das Geschäft; und wer dann noch übrig bleibt, wird Wirtschaftswissenschaftler.

Aktiengesellschaften sind ebenso wie menschliche Zellen auf Apoptose (Zelltod) programmiert – Selbstmord durch Schulden und versteckte Risiken. Rettungsaktionen verleihen dem Prozess eine historische Dimension.

In armen Ländern nehmen Beamte ganz unverhohlen Bestechungsgelder entgegen; in Washington, D.C., bekommen sie das abgefeimt unausgesprochen bleibende Versprechen, für große Konzerne arbeiten zu dürfen.

Der schlimmste denkbare Schicksalsschlag: Ein Banker, der bei seinem Ableben arm ist.

Wir sollten Studenten dazu bringen, ihren Notendurchschnitt neu zu berechnen, indem sie ihre Zensuren in Finanzwesen und Wirtschaftswissenschaften auf den Kopf stellen.

Das Agency-Problem treibt wegen der Kumulation verborgener Risiken jedes Unternehmen auf maximale Fragilität zu.

In der Politik stehen wir vor der Wahl zwischen Kriegstreiberei, der Liebe zum Nationalstaat und den Vertretern der großen Konzerne auf der einen Seite; und den risikoblinden, arroganten Großknechten mächtiger Firmenchefs mit ihrer Top-down-Epistemologie auf der anderen Seite. Immerhin haben wir die Wahl.

Der Weise, der Schwache und der Großartige*

Der Mittelmäßige hat den Hang, wegen kleinen Beleidigungen außer sich zu geraten, bei extrem gravierenden jedoch passiv, unterwürfig und still zu bleiben.**

Die einzige Definition eines Alphamännchens: Wenn man anstrebt, ein Alphamännchen zu werden, wird man nie eines sein.

* In der *Nikomachischen Ethik* von Aristoteles ist der Megalopsychos – was ich als der »Großartige« übersetze – der Mann mit der »großen Seele«, der sich selbst großer Dinge für würdig befindet und sich im Bewusstsein seiner eigenen Bedeutung an ein bestimmtes moralisches System hält, das Kleingeisterei verschmäht. Diese Vorstellung der großen Seele wurde zwar in der christlichen Ethik durch die Betonung der Demut ersetzt, sie ist jedoch in der levantinischen Kultur mit der sprichwörtlichen *Kabir al-nafs*, der großen Seele, nach wie vor präsent. Kennzeichnend für den Großartigen ist unter anderem die Eigenschaft, langsam zu gehen.

** Man denke nur an die Reaktionen auf Banken- und Wirtschaftskrisen.

Wer nichts beweisen muss, wird niemals sagen, er müsse nichts beweisen.

Der Schwache zeigt seine Stärken und verbirgt seine Schwächen; der Großartige stellt seine Schwächen zur Schau wie Schmuckstücke.

Wie herrlich ist es, weise zu werden, ohne langweilig zu sein; wie traurig, zu langweilen, ohne weise zu sein.*

Die Eigenschaften, die mir imponieren, sind Belesenheit und der Mut, in Situationen standzuhalten, in denen Schwächlinge um ihren Ruf fürchten. Intelligent sein kann jeder Idiot.

Die Mittelmäßigen bedauern ihre Worte mehr als ihr Schweigen; edlere Menschen bedauern ihr Schweigen mehr als ihre Worte; der Großartige muss gar nichts bedauern.

* Wie etwa der Präsident der amerikanischen Notenbank Ben Bernanke.

Gewöhnliche Menschen sind immer nur eine mehr oder weniger große Anzahl von Mahlzeiten entfernt vom Lügen, Stehlen, Töten – ja sogar von einer Tätigkeit als Prognostiker für die amerikanische Notenbank in Washington. Ganz anders der Großartige.*

Das Ziel der Sozialwissenschaft besteht darin, eine bestimmte Sorte Menschen zu erfinden, die wir verstehen können.

Wenn er zu einem Gleichgestellten »Alles Gute« sagt, wünscht ein Schwacher ihm das Gegenteil; dem Starken ist es gleichgültig; und nur der Großartige meint es wirklich.

In der Vergangenheit waren nur einige Männer, aber alle Frauen fähig, sich fortzupflanzen. Gleichheit ist für Frauen selbstverständlicher.

* Ich musste das vierte Buch der *Nikomachischen Ethik* zehn Mal lesen, bevor mir aufging, was Aristoteles nicht explizit sagte, aber wusste: Großartigkeit hängt eng damit zusammen, bedingungslos zu sein.

Der Großartige glaubt die Hälfte dessen, was er hört, und das Doppelte dessen, was er sagt.

Eine verbale Drohung ist der sicherste Beleg für Ohnmacht.

Die historisch meist gefeierten Akte von Tapferkeit wurden nicht von homerischen Kämpfern vollbracht, sondern von zwei Männern aus dem östlichen Mittelmeerraum, die für ihre Ideen starben, ja den Tod suchten.

Der Schwache kann nicht gut sein; oder wenn vielleicht doch, dann nur innerhalb eines flächendeckenden, übergriffigen Rechtssystems.

Vermeiden Sie unter allen Umständen verbale Drohungen, Klagen, Rechtfertigungen, Narrationen, Umformulierungen, Versuche, in Diskussionen die Oberhand zu behalten, Appelle – vermeiden Sie Wörter!

Lukian von Samosata berichtet, dass der Philosoph Demonax einen Spartaner davon abhielt, seinen Sklaven auszupeitschen, indem er ihm sagte: »Dadurch stellst du ihn auf eine Stufe mit dir.«

Der klassische Mensch hatte am meisten Angst vor einem schmachvollen Tod; die größte Angst des modernen Menschen ist einfach nur noch der Tod.

Das Implizite und das Explizite

Sie können davon ausgehen, ein einflussreicher Mensch zu sein, wenn Ihre Abwesenheit mehr auffällt als die Anwesenheit anderer.

Hört man die Erklärung »Nie wieder!«, kann man sicher mit einer Wiederholung rechnen.

Zurückhaltende Menschen schweigen, um ihre Intelligenz zu verbergen; die meisten anderen tun es, um ihren Mangel an Intelligenz zu verstecken.

Wenn jemand sagt »So dumm bin ich nicht«, heißt das häufig, dass er dümmer ist, als er meint.

Üble Nachrede ist der einzige authentische, nie vorgetäuschte Ausdruck von Bewunderung.

Wenn eine Frau über einen Mann sagt, er sei intelligent, meint sie häufig gut aussehend; wenn ein Mann über eine Frau sagt, sie sei dumm, meint er immer attraktiv.

Was Datingportale nicht verstehen, ist, dass Menschen wesentlich interessanter sind durch das, was sie *nicht* über sich sagen.

Als Begleitung zieht man oft Menschen, die einen interessant finden, jenen Menschen vor, die man selbst für interessant hält.

Das Internet hat die Mauer zwischen der privaten und der öffentlichen Sphäre durchbrochen; spontane, geschmacklose Äußerungen, die früher privat blieben, stehen jetzt zur wörtlichen Weiterverwendung allgemein zur Verfügung.

Eines der Probleme mit den sozialen Netzwerken im Internet besteht darin, dass es für andere immer schwieriger wird, sich hinter dem Rücken eines Menschen über ihn zu beschweren.

Wenn jemand sagt: »Hier kann ich nichts mehr tun«, kann man sicher sein, dass er einem durchaus helfen könnte, wenn er nur wollte. Und man kann sicher sein, dass eine Person weder die Mittel noch den Willen hat, einem zu helfen, wenn sie sagt: »Ich bin hier, um zu helfen.«

Bei Touristenzielen und Konsumgütern setzen wir voraus, dass sie weniger ansehnlich sind als in Werbeprospekten; Menschen hingegen können wir nicht verzeihen, wenn sie ihrem ersten Eindruck später nicht mehr gerecht werden.

Wenn jemand einen Satz mit den Worten »Ganz einfach« beginnen lässt, muss man damit rechnen, dass man etwas höchst Kompliziertes zu hören bekommt.

Die eine Hälfte der Menschen lügt mit den Lippen, die andere Hälfte mit ihren Tränen.

Variationen über Liebe und Nichtliebe

In jeder Lebensphase kann es Menschen nach Geld, Wissen oder Liebe dürsten; manchmal nach zwei Dingen aus dieser Reihe, aber niemals nach allen dreien.

Liebe ohne Opfer ist wie Diebstahl.

Eine Hochzeit ist das institutionalisierte Verfahren, Männer weiblicher zu machen – und Frauen auch.

Es gibt Männer, die sich mit Frauen umgeben (und reich werden wollen), um damit zu prahlen, und es gibt Männer, die dasselbe aus Gründen der Bedarfsdeckung tun. Überschneidungen sind selten.

Außer in Freundschaften und Liebesbeziehungen findet man nur ganz selten Konstellationen bilateraler, aufeinander bezogener Dummköpfigkeit.

Einmal nahm ich an einem Symposion teil, einer Veranstaltung, die ihren Namen von einem athenischen Zechgelage aus dem fünften Jahrhundert (vor Christus) hat, bei dem Männer, die alles andere als Fachidioten waren, über Liebe sprachen; doch ach – bei mir wurde nicht gezecht. Und gnädigerweise sprach niemand von Liebe.

Man bekommt die meiste Aufmerksamkeit von denjenigen, die einen hassen. Kein Freund, kein Bewunderer und kein Partner wird einem je mit so viel Wissbegier schmeicheln.

Wenn eine junge Frau sich mit einem ansonsten reizlosen reichen Mann zusammentut, kann sie aufrichtig überzeugt sein, dass es irgendein Körperteil (seine Nase, sein Hals oder sein Knie) ist, was sie anzieht.

Ein guter Gegner ist wesentlich treuer, wesentlich berechenbarer und für einen klugen Menschen wesentlich nützlicher als selbst der wichtigste Bewunderer.

Wenn meine Kritiker mich genauer kennen würden, würden sie mich noch mehr hassen.

Ende

Platoniker erwarten, dass das Leben wie ein Film ist, mit festgelegtem, endgültigem Schluss; Anti-Platoniker erwarten, dass ein Film wie das Leben ist, und sie misstrauen – abgesehen von wenigen Unumkehrbarkeiten wie dem Tod – der Endgültigkeit aller von Menschen als unumkehrbar interpretierten Schlüsse.

Nachwort

Mein Hauptthema sind die Begrenztheiten des menschlichen Wissens und die mehr oder weniger charmanten Irrtümer und Voreingenommenheiten, die im Zusammenhang mit dem auftreten, was außerhalb unseres Wahrnehmungsfeldes liegt – dem Unbeobachteten und dem Unbeobachtbaren, dem Unbekannten; dem, was sich auf der anderen Seite des dunklen Schleiers befindet.

Unser Geist kann gar nicht anders, als die Informationen, die er erhält, zu reduzieren. Daher werden wir mit sehr viel größerer Wahrscheinlichkeit versuchen, ein Phänomen in das Prokrustesbett einer klaren und bekannten Kategorie zu zwängen (und damit das Unbekannte zu amputieren), als auf Kategorisierung zu verzichten und so das Unbekannte erfahrbar zu machen.

Wir entdecken auf diese Weise neben den tatsächlich vorliegenden Mustern falsche Muster, wodurch das Zufällige weniger zufällig erscheint und einen höheren Grad an Verlässlichkeit erhält. Unsere hyperaktiven Gehirne werden einem Phänomen lieber eine falsche, vereinfachende Narrationsstruktur überstülpen als ganz auf Narrationen zu verzichten.*

Der Verstand kann ein hervorragendes Werkzeug zur Selbsttäuschung sein – er ist nicht dafür geschaffen, mit Komplexität und nichtlinearen Ungewissheiten umzugehen.** Im Unterschied zu dem, was der gesunde Menschenverstand uns weismachen will, bedeutet mehr Information auch gleichzeitig mehr Irrtümer. Unsere »Fähigkeit«, falsche Muster zu entdecken, wächst als Nebeneffekt der Modernität und des Informationszeitalters immer schneller: Es entsteht ein Missverhältnis zwischen der chaotischen Zufälligkeit der heutigen Welt mit ihren komplexen Interaktionen und unseren intuitiven Reaktionen auf die Geschehnisse – Reaktionen, die sich den einfacheren Lebensumständen unserer Vorfahren verdanken. Das Missverhältnis zwischen unserer mentalen Architektur und der Welt, in der wir leben, wird ständig größer.

* Dass wir das Unsichtbare solcherart abtun, rührt her von der »Ablehnung des Abstrakten«. (Unser Verstand wird mit dem Nicht-Narrativen nicht gut fertig und tendiert dazu, sich von der Anschaulichkeit von Bildern beeinflussen zu lassen. Unsere Sicht auf die Welt wird von den Medien verzerrt.)

** Auch die Wissenschaft ist nicht dazu in der Lage, effektiv nichtlineare und komplexe Themen zu bewältigen, also Probleme, die durch vielfältige Wechselwirkungen verstärkt werden (das Klima, die Wirtschaft, der menschliche Körper), trotz der – übrigens völlig übertrieben dargestellten – Erfolge im linearen Bereich (Physik, Ingenieurswesen), die der Wissenschaft ein Prestige verleihen, das uns mittlerweile akut gefährdet.

Und das führt dann zu den typischen Dummkopf-Problemen: Wenn die Landkarte nicht mit dem Territorium übereinstimmt, dann tritt eine ganz bestimmte Klasse von Narren auf – Akademiker mit zig Abschlüssen, Journalisten, Zeitungsleser, mechanistische »Wissenschaftler«, Pseudoempiristen; all jene, die nur so strotzen von dem, was ich »epistemische Arroganz« nenne (der bemerkenswerten Fähigkeit, das zu ignorieren, was sie nicht sehen, das Unbeobachtete) –, und unversehens geraten sie in den Zustand des Leugnens und stellen sich vor, das Territorium werde sich schon ihrer Karte anpassen. Allgemeiner gesagt: Der Narr ist in diesem Zusammenhang derjenige, der um der Vereinfachung willen falsch vereinfacht, der etwas Entscheidendes wegnimmt, die Beine abtrennt oder womöglich sogar einen Teil vom Kopf eines Besuchers entfernt, und dann behauptet, er sei der betreffenden Person zu 95 Prozent gerecht geworden. Man denke an die diversen Prokrustesbetten, die wir erschaffen haben – einige sind nützlich, andere doch eher fraglich: Regulierungsmaßnahmen, Top-down-Regierungen, die akademische Welt, Fitnesszentren, Pendlerverkehr, hohe Bürogebäude, erzwungene menschliche Verbindungen, Arbeitsplatzpolitik und so weiter.

Seit der Aufklärung machen wir in der großen Spannung zwischen *Rationalismus* (wie wir die Dinge gern hätten, damit sie für uns Sinn machen) und *Empirismus* (wie die Dinge tatsächlich sind) die Welt dafür verantwortlich, dass sie nicht in die Betten der »rationalen« Modelle passt: Wir haben versucht, die Menschen zu verändern, damit sie sich der Technologie anpassen; haben an unserem Moralsystem herumgepfuscht, damit es den Erfordernissen des Arbeitsmarktes gerecht wird; erwarten von der Wirtschaft, dass sie den Theorien der Wirtschaftswissenschaftler entspricht; und stülpen den Biographien der Leute irgendwelche narrativen Muster über.

Wir sind antifragil, wenn Irrtümer in der Darstellung des Unbekannten und im Verstehen von Zufällen keine widrigen Ergebnisse zur Folge haben – und wir sind fragil, wenn das nicht der Fall ist. Der Antifragile profitiert von Schwarzen Schwänen*, den Fragilen erschüttern sie in seinen Grundfesten. Wir sind in einem Zustand ständig zunehmender Fragilität angesichts einer gewissen Spielart von wissenschaftlichem Autismus, der vertrauenswürdig klingende Behauptungen über das Unbekannte anstellt und zu Expertenproblemen, Risiken und massiver Abhängigkeit von menschlichen Irrtümern führt. Der Leser wird meinen Aphorismen entnehmen können, dass ich tiefen Respekt habe vor den Methoden von Mutter Natur zur Anti-

* Ein Schwarzer Schwan ist ein (historisches, ökonomisches, wirtschaftliches, persönliches) Ereignis, das von Beobachtern einerseits nicht vorhergesagt wurde, andererseits massive Folgen hat. Trotz der Zunahme unseres Wissens haben auch die Anzahl und der Einfluss solcher Schwarzen Schwäne zugenommen.

fragilität (Milliarden von Jahren haben ausgereicht, um das meiste von dem, was fragil war, zugrunde gehen zu lassen); das klassische Denken (mit seinem Respekt vor dem Unbekannten, seiner epistemischen Demut) ist zudem antifragiler als der moderne, auf- und nachaufklärerische, naive pseudowissenschaftliche Autismus. Meine klassischen Werte machen mich zu einem Anwalt des Dreigestirns Belesenheit, Eleganz und Tapferkeit – gegen die Verlogenheit, das Nerd-Unwesen und das Banausentum* der Moderne.

Die Kunst ist antifragil; die Wissenschaft nicht immer (um es höflich zu formulieren). Es gibt Prokrustesbetten, die das Leben lebenswert machen: Dazu gehört die Kunst und insbesondere der poetische Aphorismus.

Aphorismen, Maximen, Sprichwörter, kurze Redensarten, in gewissem Ausmaß auch Epigramme sind die früheste literarische Form, und häufig tauchen sie im größeren Rahmen dessen auf, was wir heute Dichtung nennen. Sie haben die einprägsame Bündigkeit von Sound bites (obwohl die klassischen Vertreter dieses Genres nicht nur schlagkräftiger, sondern auch elegan-

* Viele Banausen reduzieren mein Denken auf banale Technikfeindlichkeit, wo es mir doch in Wahrheit darum geht, die naive Blindheit vor den Nebenwirkungen der Technik zu kritisieren, also um das Kriterium Fragilität.

ter sind als die heutigen Vulgärversionen*), mit einem gewissen Ausmaß an Draufgängertum in der Fähigkeit des Autors, kraftvolle Ideen in einer Handvoll Wörter zusammenzufassen, vor allem wenn es um die mündliche Form geht. Es muss tatsächlich Draufgängertum gewesen sein, denn das arabische Wort für improvisierte Einzeiler lautet »männliche Tat«, wobei diese Vorstellung von »Männlichkeit« nicht so genderspezifisch ist, wie sie zunächst klingt, und auch als »Können des Menschseins« übersetzbar ist (*virtus*, »Tugend«, hat im Lateinischen dieselbe Wurzel wie *vir*, »Mann, Mensch«) – als seien diejenigen, die die Fähigkeit hatten, kraftvolle Ideen auf diese Weise zu formulieren, mit magischen Kräften ausgestattet gewesen.

Diese Ausdrucksform ist ein zentraler Teil der levantinischen Seele (und derjenigen des östlichen Mittelmeerraums im weiteren Sinn). Als Gott zu den Semiten sprach, drückte er sich – meistens durch den Mund von Propheten – in sehr kurzen, poetischen Sentenzen aus. Man denke an die Bücher des Alten Testaments, vor allem die Sprüche Salomons und den Prediger Salomon; auch das heilige Buch des Islam, der Koran, ist eine Sammlung dichter Aphorismen. Später wurde das

* Man beachte den Unterschied zu den auf das Fernsehpublikum zugeschnittenen Einzeilern: Ein Sound bite verliert Information; der Aphorismus wird informationshaltiger. Ganz offensichtlich funktionieren Aphorismen nach dem Gigerenzer-Goldstein-Effekt »Weniger ist mehr«.

Format als literarische Gattung für fingierte Prophezeiungen übernommen: in Nietzsches *Zarathustra* oder näher an unserer Gegenwart durch meinen Landsmann aus einer benachbarten (und verfeindeten) Stadt im Nordlibanon, Kahlil Gibran, Autor von *Der Prophet*. Jenseits dessen, was wir Religion nennen, wäre noch an die Aphorismen von Heraklit und Hippokrates zu erinnern, an das Werk von Publilius Syrus (einem syrischen Sklaven, der seine Freiheit seiner Eloquenz verdankte, wie sie in seinen *Sententiae* zum Ausdruck kommt, schlagkräftigen Einzeilern, die in den Maximen von La Rouchefoucauld anklingen), und an die Dichtung von al-Mutanabbi, in dem viele den bedeutendsten arabischen Dichter überhaupt sehen.

Aphorismen, also Sätze, die für sich stehen, wurden als Sentenzen benutzt, als religiöser Text, als Rat einer levantinischen Großmutter für ihr Enkelkind, als prunkvoll auftrumpfende Selbstdarstellung (ich habe bereits darauf hingewiesen, dass al-Mutanabbi uns in einem Aphorismus davon zu überzeugen vermag, dass er der größte arabische Dichter ist), für Satiren* (Martial, Äsop, al-Ma'arri); die Form wurde benutzt von den französischen Moralisten (Vauvenargues, La

* Man kann den Verlust an intellektueller Raffinesse im Zeitalter des Internet – oder, um es kurz zu sagen, die Nerdifikation unserer Gegenwart – am besten daran ablesen, dass Sarkasmus immer seltener wird, da mechanistisch eingestellte Köpfe Beleidigungen immer einen Tick zu wörtlich nehmen.

Rochefoucauld, La Bruyère, Chamfort); zur Darlegung dunkler (Wittgenstein) oder vergleichsweise luziderer Philosophie (Schopenhauer, Nietzsche, Cioran) oder schließlich für kristallklare Gedanken wie die Pascals*. Ein Aphorismus bedarf keiner Erklärung – ebenso wie ein Gedicht ist er ein Gebilde, mit dem der Leser allein fertig werden muss.**

Es gibt langweilige Aphorismen, banale Sätze, mit denen wichtige Wahrheiten transportiert werden, die jedem selbst schon früher aufgegangen sind (die Art von Aphorismen, die gebildetere Menschen vor Gibrans *Der Prophet* zurückschrecken lässt); es gibt gefällige Aphorismen, die Gedanken enthalten, auf die man bislang in dieser Kürze noch nicht gekommen ist und die in einem das Aha-Erlebnis einer wichtigen Entdeckung auslösen (wie beispielsweise bei La Rochefoucauld); die besten Aphorismen aber formulieren Inhalte, über die man bislang noch nicht nachgedacht hat, sie bedür-

* Wobei es durchaus nicht ungewöhnlich ist, dieselbe Maxime von mehreren Autoren formuliert zu finden, die durch ein Jahrtausend oder einen Kontinent voneinander getrennt sind.

** Eine gewisse Banalisierung widerfuhr dem Aphorismus (außerhalb der deutschen Sprache) durch seine Assoziation mit Witz bis hin zur Komik wie etwa in den Sentenzen von Oscar Wilde, Mark Twain, Ambrose Bierce oder Sacha Guitry – tiefe Gedanken können zwar sowohl poetisch als auch witzig sein, wie die Aphorismen von Schopenhauer, Nietzsche und (stellenweise auch) Wittgenstein zeigen; allerdings darf man getreu der Unterscheidung zwischen dem Heiligen und dem Profanen Philosophie und Dichtung nicht mit Stand-up-Comedy verwechseln.

fen einer wiederholten Lektüre, damit man bemerkt, dass sie wichtige Wahrheiten enthalten, vor allem wenn die Stille der in ihnen enthaltenen Wahrheit so mächtig ist, dass die Worte vergessen werden, sobald man sie gelesen hat.
Aphorismen verlangen von uns, dass wir unsere Lesegewohnheiten verändern und sie in kleinen Portionen zu uns nehmen; jeder Aphorismus ist eine Einheit für sich, eine vollständige Narration mit deutlicher Distanz zu ihrer Umgebung.
Meine beste Beschreibung eines Nerds: Ein Mensch, der einen auffordert, ihm einen Aphorismus zu erklären.

Mir war schon früh bewusst, dass mein Stil aphoristisch ist. Als Teenager erhielt ich von dem Dichter Georges Schehadé Unterstützung (dessen Dichtung sich wie eine Sammlung von Sprichwörtern liest), er prophezeite mir, dass ich meine Bestimmung erkennen und als Dichter Karriere machen würde, wenn ich nur erst die Sache mit den Ideen aus meinem System entfernt hätte. In der jüngeren Vergangenheit haben sich einige meiner Leser durch Zitate aus meinen Büchern diverse Copyright-Warnungen eingehandelt, trotzdem wäre ich nie auf den Gedanken gekommen, meine Ideen (oder vielmehr meine eine zentrale Idee über die Grenzen des Wissens) in dieser Form zum Ausdruck zu bringen, wenn ich nicht irgendwann gemerkt hätte, dass diese

Sätze völlig unaufgefordert zu mir kommen, geradezu unwillkürlich, auf eine etwas unheimliche Weise, vor allem wenn ich (gemächlich) spazieren gehe oder meinen Geist von jeglicher Tätigkeit befreie beziehungsweise ihm nichts Anstrengendes zumute – ich könnte dann geradezu glauben, ich hörte Stimmen von der anderen Seite des dunklen Schleiers.
Wenn man sich völlig frei macht von Zwängen, von Gedanken, von dieser abstumpfenden Aktivität, die sich Arbeit nennt; frei von jeglichen Anstrengungen, dann beginnen einen in der Textur der Realität verborgene Elemente anzublicken, und vor den Augen enthüllen sich Geheimnisse, von deren Existenz man bislang nichts ahnte.

Inhalt